Die Entlohnung der Arbeit

1   Die Formen des Arbeitsentgelts

1.1 Die Formen der Entlohnung

Der Lohn (= das Arbeitsentgelt) ist der Preis für den Einsatz des Produktionsfaktors Arbeit.

Für viele Arbeitnehmer ist der Lohn die einzige Einkommensquelle. Der Lohn bestimmt somit den Lebensstandard und die Lebensumstände des Arbeitnehmers.

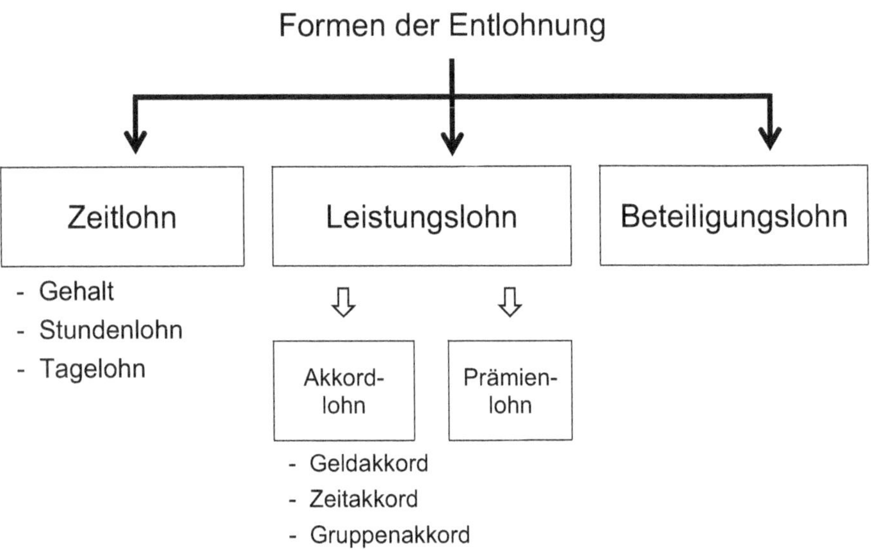

1.) Wie heißen die Einkommen für folgende Personen?

Person	Einkommen	Person	Einkommen
Abgeordneter	**Diäten**	Käufer	**Rabatt, Skonto, Bonus**
Aktionär	**Dividende**	Makler	**Courtage**
Angestellter	**Gehalt**	Musikproduzent	**Tantieme**
Arbeiter	**Lohn**	Mutter	**Kindergeld**
Arbeitsloser	**ALG**	Pensionär	**Pension**
Auszubildender	**Ausbildungsvergütung**	Rentner	**Rente**
Beamter	**Salär**	Schüler	**BAföG**
Buchautor	**Honorar**	Seemann	**Heuer**
Dienstreisender	**Spesen**	Soldat	**Sold**
Entlassener	**Abfindung**	Student	**Stipendium**
Fußballprofi	**Prämie**	Sparer	**Zinsen**
Geschiedener	**Unterhalt**	Unterhaltsempfänger	**Alimente**
Handelsvertreter	**Provision**	Unternehmer	**Gewinn**
Hilfsbedürftiger	**ALG II ("Hartz IV")**	Vermieter	**Miete**
Künstler	**Gage**	Verpächter	**Pacht**

1.2 Der Zeitlohn

Zeitlohn = Arbeitszeit • Stundenlohn

Der Arbeitnehmer wird nach Dauer der abgeleisteten Arbeitszeit entlohnt, unabhängig von seiner Leistung. Dabei wird vom Arbeitnehmer eine Normal-, eine Durchschnittsleistung erwartet.

Es gibt Stundenlohn bei Arbeitern, Monatslohn (= Gehalt) bei Arbeitern, Angestellten, Beamten und Auszubildenden, aber auch Schichtlohn, Tagelohn und Wochenlohn.

Zeitlohn gibt es bei Tätigkeiten, …

… für die die Leistung des Arbeitnehmers nicht oder nur schwer messbar ist (z. B. in Büro und Verwaltung, bei Reparatur- und Installationsarbeiten).

… wenn die Qualität, Genauigkeit und saubere Ausführung der Arbeit wichtiger als die Menge ist (z. B. technische Zeichner, Lehrer, Präzisionsarbeiter, Kassierer und Kontrolleure).

… wenn der Arbeitnehmer keinen Einfluss auf die Menge hat (z. B. bei Arbeiten mit Leerlauf und Stoßzeiten: Verkäufer, Koch, Lagerarbeiter).

Neben dem Zeitlohn werden eventuell auch noch Zuschläge für Mehrarbeit, für Nachtarbeit sowie für Sonn- und Feiertagsarbeit gezahlt.
Außerdem können für besonders schwere, schmutzige oder gesundheitsschädliche Arbeiten sog. Erschwerniszuschläge und für besondere Leistungen sog. Leistungszulagen gezahlt werden.

<u>Vorteile:</u>

- einfache Lohnabrechnung,
- für den Arbeiter kalkulierbares (weil festes) Einkommen,
- weniger Leistungsdruck, damit weniger Stress und weniger Unfälle,
- häufig bessere Qualität.

<u>Nachteile:</u>

- Leistungsunterschiede werden nicht berücksichtigt,
- kaum Leistungsanreize für die Arbeitnehmer,
- Unzufriedenheit bei leistungsfreudigen Mitarbeitern.

Möglichkeiten zur Erhöhung des Leistungsdrucks:

- Vorgabezeiten dank Zeitstudien,
- Selbstaufschreiben des eigenen Zeitverbrauchs,
- Auftragsscheine mit Vorgabezeiten,
- Just-in-time-Konzepte,
- zwangsgesteuerte Arbeitsabläufe (Fließband, verkettete Arbeitsplätze, …),
- Personaleinsatz mit Vorgaben und Leistungsstandards,
- systematischer, schleichender Personalabbau bei gleichem Arbeitspensum,
- Ausnutzen von Karrierehoffnungen der Mitarbeiter,
- Leistungsbeurteilungen durch die Vorgesetzten,
- Angst vor Arbeitslosigkeit,
- Ausnutzen befristeter Arbeitsverträge.

1.3 Der Leistungslohn

Der Arbeiter wird nach seiner tatsächlichen persönlichen Leistung oder der Leistung einer Gruppe entlohnt.
Der Grundgedanke des Leistungslohns: Wer viel leistet, der verdient viel!

Man unterscheidet Akkordlohn, Zeitlohn mit Leistungszulage und Prämienlohn.

a) Der Akkordlohn

Der Arbeiter erhält zu seinem tariflichen Mindestlohn einen Akkordzuschlag.
Die erbrachte Leistung kann in einer Längen- (z. B. in m Stoff), Flächen- (z. B. in m² Fliesen), Volumen- oder Gewichtseinheit ausgewiesen werden.

Geldakkord:

- Für eine bestimmte Menge Arbeit erhält der Arbeiter einen bestimmten Geldbetrag Lohn gezahlt.
- Die benötigte Arbeitszeit ist bedeutungslos.

$$\text{Geldakkord} = \text{Stück} \cdot \text{Lohnsatz}$$

- z. B.: Der Fliesenleger verlegt 20 m² Fliesen für 10 €/m². Er erhält also als Bruttolohn 200 €.

Zeitakkord:

- Für eine bestimmte Arbeit (ein Produkt) wird eine bestimmte Zeit vorgegeben.

$$\text{Zeitakkord} = \text{Stück} \cdot \text{Vorgabezeit} \cdot \text{Minutenfaktor}$$

z. B.: Ein Arbeiter erhält 10 € Stundenlohn sowie 20 % Akkordzuschlag.
Als Normalleistung werden für ihn drei Arbeitsminuten
pro Stück veranschlagt, also 20 Stück pro Stunde.

Akkordrichtsatz
= Stundenlohn   +   Akkordzuschlag
=   10,00 €   +   2,00 € (20 % von 10 €)   = 12,00 €

Minutenfaktor

$$= \frac{\text{Akkordrichtsatz}}{60\ \text{Minuten}} = \frac{12,00\ \text{€}}{60\ \text{Minuten}} = 0,20\ \text{€}/\text{Minute}$$

Zeitakkord
= Stück • Vorgabezeit • Minutenfaktor

$$= 22\ \text{Stück} \bullet \frac{3\ \text{Minuten}}{\text{Stück}} \bullet \frac{0,20\ \text{€}}{\text{Minute}} = \mathbf{13{,}20\ €}$$

Bei einer Arbeitsleistung von 22 Stück erhält der Arbeiter
einen Bruttostundenlohn von 13,20 Euro.

Beim <u>Gruppenakkord</u> werden die Akkordleistungen in einer
Montagegruppe (z. B. Nestfertigung in der Autoindustrie) oder
in einem Bautrupp erbracht.

<u>Vorteile des Akkordlohns:</u>

- leistungsgerechte Entlohnung,

- Arbeiter beeinflusst Leistung und Lohnhöhe.

<u>Nachteile des Akkordlohns:</u>

- Quantität geht vor Qualität,

- Qualitätskontrollen sind notwendig.

2.) Ein Arbeiter erhält 12,00 € Stundenlohn und 25 % Akkordzuschlag. Als Normalleistung wurden 6 Minuten pro Stück ermittelt. Berechnen Sie den Bruttostundenlohn bei einer Leistung von 12 Stück!

Akkordrichtsatz:

= Stundenlohn + Akkordzuschlag

= 12,00 € + 3,00 € (25 % von 12 €) = **15,00 €**

Minutenfaktor:

$$= \frac{\text{Akkordrichtsatz}}{60 \text{ Minuten}} = \frac{15,00 \text{ €}}{60 \text{ Minuten}} = \mathbf{0,25 \text{ €/}}_{\textbf{Minute}}$$

Bruttostundenlohn:

= Stück • Vorgabezeit • Minutenfaktor

$$= 12 \text{ Stück} \cdot \frac{6 \text{ Minuten}}{\text{Stück}} \cdot \frac{0,25 \text{ €}}{\text{Minute}} = 18,00 \text{ €}$$

3.) Berechnen Sie den Bruttolohn eines Arbeiters für 8 Stunden, wenn der im Akkord 30 Stück je Stunde schafft und je Stück 0,25 € bezahlt werden!

$$\text{Bruttolohn} = \text{Stück} \cdot \text{Vorgabezeit} \cdot \text{Zeit}$$

$$= \frac{30 \text{ Stück}}{\text{Stunde}} \cdot \frac{0,25 \text{ €}}{\text{Stück}} \cdot 8 \text{ Stunden}$$

$$= 60,00 \text{ €}$$

4.) Berechnen Sie die Vorgabezeit für ein Stück bei einer Normalleistung von 90 Stück pro Stunde!

1	90 Sekunden	5	15 Sekunden	
2	20 Sekunden	6	20 Minuten	
3	90 Minuten	7	40 Minuten	
4	40 Sekunden	8	0,40 Sekunden	**4**

$$\text{Vorgabezeit} = \frac{60 \text{ Minuten}}{90 \text{ Stück}} = \textbf{40 Sekunden je Stück}$$

5.) Ein Arbeiter schafft im Akkord 88 Stück bei einer Normalleistung von 80 Stück. Berechnen Sie den Leistungsgrad!

$$\text{Leistungsgrad} = \frac{\text{tatsächliche Leistung}}{\text{Normalleistung}} \cdot 100\ \%$$

$$= \frac{88\ \text{Stück}}{80\ \text{Stück}} \cdot 100\ \%$$

$$= 110\ \%$$

b) Der Prämienlohn

Für besondere Leistungen zahlen die Arbeitgeber den Arbeitnehmern Zuschläge (Prämien). Diese Prämien sind Ergänzungszulagen zum Zeit- oder Akkordlohn und sollen Leistungsanreize bilden.
Als Berechnungsgrundlage können dienen:
- Verbesserungsvorschläge und Unfallverhütung (Anerkennungsprämie),
- Reduzieren der Reparaturzeiten, Senken der Rüstzeiten (Nutzungsgradprämie),
- weniger Stillstand und Leerlauf (Nutzungsprämie),
- Erhöhen der Qualität, weniger Ausschuss und Nacharbeiten (Qualitätsprämie),
- Einhalten von Terminen, vorzeitige Fertigstellung,
- Erzielen eines überdurchschnittlichen Umsatzes (Mengenprämie),
- hohe Materialausbeute, geringer Energieverbrauch, sparsamer Rohstoffeinsatz (Einsparprämie).

Vorteile: - Leistungsanreiz,
            - Belohnen von Qualitätsarbeit,
            - geringere Fluktuation (vor allem der leistungsorintierten Arbeiter),
            - Einsparen von Kosten.

Nachteile: - schwierige Wahl eines Prämienschlüssels,
            - aufwändige Prämienberechnung.

c)   Die Zulagen und die Zuschläge

Zulagen und Zuschläge sind sonstige Lohnbestandteile, die der Arbeitgeber freiwillig oder auf tariflicher Grundlage an Arbeitnehmer zahlt.

Zulagen:

-

Arbeitgeberanteile
    zur Vermögens-
    bildung (vwL),
-   Erschwernis-
    zulage,
-   Gefahrenzulage,
-   Schmutzzulage,
-   Gratifikationen
    (Urlaubsgeld,

Weihnachtsgeld),
-   Leistungszulage,
-   Zulage für lang-
    jährige Betriebs-
    zugehörigkeit.

Arbeitgeber zahlt Geld zum Sparen

Arbeitnehmer verschenken oft Geld, ohne es zu wissen: Viele Beschäftigte haben Anspruch auf vermögenswirksame Leistungen (VL). Das Geld zahlt ihnen der Arbeitgeber. Die genaue Höhe ist im Arbeits- oder Tarifvertrag geregelt, so die Stiftung Warentest. Banken zahlen beispielsweise 40 Euro jeden Monat. Beamte hingegen bekommen oft nur 6,65 Euro. Welchen VL-Vertrag der Sparer abschließen will, kann er meist selbst entscheiden. Zur Auswahl stehen Bank- und Fondssparpläne, Bausparverträge, Genossenschaftssparen sowie Lebens- und Rentenversicherungen.

aus: „Sächsische Zeitung" vom 20. Juli 2019

Zuschläge: - Überstundenzuschlag (Mehrarbeitszuschlag),

-   Zuschlag für Sonntags- und Feiertagsarbeit,

-   Nachtschichtzuschlag.

1.4 Der Beteiligungslohn

Der Beteiligungslohn wird zusätzlich zum Lohn und Gehalt
gezahlt und orientiert sich am Erfolg (am Gewinn) des Unter-
nehmens. Dadurch wird das Interesse und die Verantwortungs-
bereitschaft der Arbeitnehmer an „ihrem" Unternehmen ge-
steigert.

Die Hauptformen des Beteiligungslohns sind …

- die Kapitalbeteiligung (Der Zuschlag wird nicht ausgezahlt,
  sondern verbleibt im Unternehmen als Darlehen oder in
  Aktiengesellschaften in Form von Belegschaftsaktien.) und

- die Gewinn-/Umsatzbeteiligung (Die Arbeitnehmer erhalten
  einen Teil des Reingewinns/Umsatzes bar ausgezahlt.).

Der Beteiligungslohn bindet die Arbeitnehmer stärker an „ihr"
Unternehmen und fördert die Bereitschaft der Arbeitnehmer zu
hohen Leistungen für den Betrieb.

6.)	Welche Aussage zum Zeitlohn ist richtig?	
1	Der Begriff „Zeitlohn" ist ein Synonym für „Gehalt".	
2	Der Zeitlohn errechnet sich nach der Stückzahl, die in einer bestimmten Zeit gefertigt wird.	
3	Der Zeitlohn ist das Entgelt, das sich aus dem Stundenlohn und der Arbeitszeit errechnet.	
4	Zeitlohn heißt die von der Agentur für Arbeit gewährte Unterstützung für die Zeit der Arbeitslosigkeit.	
5	Der Zeitlohn ist das Entgelt für ein Arbeitsverhältnis auf Zeit, z. B. Aushilfstätigkeit.	3

7.) | Welche Auswirkung hat der Zeitlohn für einen Arbeiter?

1	Das Entgelt ist allein von der hergestellten Stückzahl abhängig.
2	Das Entgelt des Arbeiters ist nur sehr schwer berechenbar.
3	Für die Urlaubszeit wird vom Arbeitgeber kein Entgelt gezahlt.
4	Überstunden werden nicht vergütet.
5	Eine höhere Leistung hat kein höheres Entgelt zur Folge.

5

8.) | Was bedeutet ein Vertrag mit Akkordlohn?

1	Der Akkordlohn ist nur von der Zeit der Anwesenheit im Betrieb abhängig.
2	Der Akkordlohn bedeutet ein konstantes monatliches Entgelt.
3	Der Akkordlohn ist von der Dauer der Betriebszugehörigkeit abhängig.
4	Der Akkordlohn wird für Arbeiten gezahlt, die besonders hohe fachliche Anforderungen stellen.
5	Der Akkordlohn ist von der Leistung des Arbeiters abhängig.

5

2   Das Berechnen der Sozialversicherungsbeiträge

Bereits 1883 – also im Deutschen Kaiserreich – wurde die gesetzliche Krankenversicherung (KV) geschaffen. 1884 folgte die gesetzliche Unfallversicherung (UV), 1889 die gesetzliche Rentenversicherung (RV).
Seit 1927 – also seit der Weimarer Republik – gibt es die gesetzliche Arbeitslosenversicherung (ALV), seit 1995 die gesetzliche Pflegeversicherung (PV).

In die Zahlung der SV-Beiträge für die Kranken-, Renten-, Arbeitslosen- und Pflegeversicherung teilten sich die Arbeitnehmer und Arbeitgeber jahrzehntelang jeweils hälftig. Die Unfallversicherungsbeiträge tragen die Arbeitgeber zu 100 %.

In den letzten Jahren wurde die 50:50-Teilung der SV-Beiträge in zwei Fällen zu Ungunsten der Arbeitnehmer und zu Gunsten der Arbeitgeber verändert:
- 1995 wurde in Deutschland zur Entlastung der Arbeitgeber der Buß- und Bettag als Feiertag abgeschafft.
Eine Besonderheit bildet die Berechnung der Beiträge für die Pflegeversicherung in Sachsen: Die Stufe 1 (1,0 %) wird allein von den Arbeitnehmern getragen (Dafür bleibt ihnen der Buß- und Bettag als Feiertag erhalten.), während sich die Arbeitnehmer und Arbeitgeber hälftig in die Beiträge für die Stufe 2 (0,7 %) teilen.

Am **Buß- und Bettag** werden wir erneut daran erinnert, dass wir Sachsen als Einzige in Deutschland und ausschließlich die Arbeitnehmer einen Feiertag selbst finanzieren - mit einer höheren Besteuerung der Pflegeversicherung in Höhe von 0,5%. Nicht viel scheint es, summiert sich aber bei einem durchschnittlichen Pro-Kopf-Verdienst in unserem Freistaat von ca. 32.100€ auf immerhin 160€ oder bei einem Jahresbrutto von 50.000€ auf 250€ die jährlich in der Familienkasse fehlen. Das Durchschnittsgehalt für Deutschland beläuft sich übrigens auf 47.700€.

Andere Bundesländer waren da irgendwie schlauer. Sie stimmten der Abschaffung des gesetzlichen Feiertages 1995 zu und schufen für ihre Einwohner einfach an anderer Stelle einen neuen arbeitsfreien Tag - ohne Belastung der arbeitenden Bevölkerung natürlich (zuletzt Niedersachsen 2018).

aus: LVBS konkret, Winter 2022, Seite 36

Das heißt, die sächsischen Arbeitnehmer zahlen bei einem Satz von beispielsweise 1,7 % für die Pflegeversicherung 1,35 % der Beiträge, während die Arbeitgeber nur 0,35 % aufbringen.

- Seit dem 1.1.2005 müssen laut Kinderberücksichtigungsgesetz Versicherte ab dem Geburtsjahr 1940, die keine eigenen (Stief- oder Pflege-)Kinder haben oder hatten, ab einem Alter von 23 Jahren einen von ihnen allein zu tragenden Zusatzbeitrag für die Pflegeversicherung in Höhe von 0,25 % zahlen.

- Ein dritter Fall wurde inzwischen wieder korrigiert. Ab 1.1.2011 änderte sich der Beitragssatz für die Krankenversicherung auf 15,5 %. Seitdem tragen die Arbeitgeber davon den <u>festgeschriebenen</u> Teil von 7,3 %, die Arbeitnehmer den „Rest" von 8,2 %. Sind weitere Zusatzbeiträge erforderlich, werden diese allein vom Arbeitnehmer gezahlt. Mit Wirkung ab 1.1.2019 wurde dies wieder zurückgenommen, es gilt wieder die 50:50-Teilung der Beiträge zur Krankenversicherung.

Die Träger der Sozialversicherungen sind:

- Krankenversicherung: Allgemeine Ortskrankenkassen (AOK), Innungskrankenkassen (IKK), Betriebskrankenkassen (BKK) und Ersatzkrankenkassen (z. B. Barmer, DAK, KKH, Techniker Krankenkasse)

- Unfallversicherung: Berufsgenossenschaften

- Rentenversicherung: Deutsche Rentenversicherung

aus: „Sächsische Zeitung"
vom 19. November 1998

- Arbeitslosenversicherung: Bundesagentur für Arbeit (seit 1927 Reichsanstalt für Arbeitsvermittlung und Arbeitslosenversicherung, seit 1952 Bundesanstalt für Arbeit)

- Pflegeversicherung: Pflegekassen bei den Krankenkassen

Für die vier o. g. Sozialversicherungen (KV, RV, ALV und PV) werden die Beiträge nur bis zur Höhe der Beitragsbemessungsgrenze berechnet. Während bei der Kranken- und der Pflegeversicherung die Beitragsbemessungsgrenze für die Ost- und West-Bundesländer einheitlich bei 4.537,50 € liegt, beträgt die Beitragsbemessungsgrenze für die Renten- und die Arbeitslosenversicherung bei jeweils 6.150 € (Ost) und 6.700 € (West / Stand jeweils ab 1.1.2019).

<u>Beispiel:</u>

Ab 1.1.2019 gelten folgende Beitragssätze und Beitragsbemessungsgrenzen für die Sozialversicherungen:					
	KV	RV	ALV	Unfallvers.	Pflegevers.
Beitragssatz	14,6 %	18,6 %	2,5 %	trägt der AG allein	3,05 %
Beitragsbemessungsgrenze Ost	4.537,50 €	6.150 €	6.150 €		4.537,50 €
Beitragsbemessungsgrenze West	4.537,50 €	6.700 €	6.700 €		4.537,50 €

Ermitteln Sie unter Beachtung der vorgegebenen Beitragssätze und Beitragsbemessungsgrenzen die Arbeitnehmeranteile für die fünf Sozialversicherungen!

Arbeitnehmer ist 20 Jahre alt.	AN in Bayern (West)	AN in Thüringen (Ost)	AN in Sachsen (Ost)
brutto	6.600,00 €	4.800,00 €	4.600,00 €
- Krankenversicherung	331,24 € BBG West!	331,24 € BBG Ost!	331,24 € BBG Ost!
- Rentenversicherung	613,80 €	446,40 €	427,80 €
- Arbeitslosenversicherung	82,50 €	60,00 €	57,50 €
- Unfallversicherung	0,00 € AG zahlt allein	0,00 € AG zahlt allein	0,00 € AG zahlt allein
- Pflegeversicherung	69,20 € BBG West!	69,20 € BBG Ost!	91,88 € BBG Ost!
"netto"	5.503,27 €	3.893,17 €	3.691,58 €

Krankenversicherung

Bayern   = 7,3 %   von 4.537,50 € = 331,24 €
Thüringen = 7,3 %   von 4.537,50 € = 331,24 €
Sachsen   = 7,3 %   von 4.537,50 € = 331,24 €

Rentenversicherung

Bayern   = 9,3 %   von 6.600,00 € = 613,80 €
Thüringen = 9,3 %   von 4.800,00 € = 446,40 €
Sachsen   = 9,3 %   von 4.600,00 € = 427,80 €

Arbeitslosenversicherung

Bayern   = 1,25 %   von 6.600,00 € =   82,50 €
Thüringen = 1,25 %   von 4.800,00 € =   60,00 €
Sachsen   = 1,25 %   von 4.600,00 € =   57,50 €

Pflegeversicherung

Bayern   = 1,525 %   von 4.537,50 € =   69,20 €
Thüringen = 1,525 %   von 4.537,50 € =   69,20 €
Sachsen   = 2,025 %   von 4.537,50 € =   91,88 €

9.) Berechnen Sie für die folgenden Beitragssätze die jeweiligen Anteile an der Pflegeversicherung für die Arbeitgeber (AG) und die Arbeitnehmer (AN)!

Beitragssatz Pflegeversicherung	AG-Anteil (außer Sachsen)	AN-Anteil (außer Sachsen)	AG-Anteil in Sachsen	AN-Anteil in Sachsen
1,8 %	**0,9 %**	**0,9 %**	**0,4 %**	**1,4 %**
1,9 %	**0,95 %**	**0,95 %**	**0,45 %**	**1,45 %**
1,95 %	**0,975 %**	**0,975 %**	**0,475 %**	**1,475 %**
2 %	**1 %**	**1 %**	**0,5 %**	**1,5 %**
2,2 %	**1,1 %**	**1,1 %**	**0,6 %**	**1,6 %**

10.) Wer ist der Träger der Arbeitslosenversicherung?

1	Bundesagentur für Arbeit	4	Berufsgenossenschaft
2	Landesversicherungsanstalt	5	Krankenkasse
3	Bundesversicherungsanstalt	6	Arbeitsamt

1

11.) Wer ist Zahler der Arbeitslosenversicherung?

1	Bundesagentur für Arbeit	4	Arbeitgeber und Arbeitnehmer
2	nur die Arbeitgeber	5	Bundesarbeitsministerium
3	nur die Arbeitnehmer	6	Bundeswirtschaftsministerium

4

12.) Wer ist Zahler der Unfallversicherung?

1	Bundesagentur für Arbeit	4	Arbeitgeber und Arbeitnehmer
2	nur die Arbeitgeber	5	Bundesarbeitsministerium
3	nur die Arbeitnehmer	6	Bundeswirtschaftsministerium

2

13.) Berechnen Sie für einen Arbeitnehmer in Sachsen (Bruttoverdienst 2.000 €), wie teuer ihm in einem Jahr bei einem Beitragssatz von 1,95 % für die Pflegeversicherung der Erhalt des Buß- und Bettages kommt!

AN (außer Sachsen): 0,975 % von 2.000 € = 19,50 € im Monat

AN in Sachsen: 1,475 % von 2.000 € = 29,50 € im Monat

Differenz = 10 € im Monat

für 12 Monate: 12 Monate $\cdot$ 10 €/Monat = 120 €

14.) Welche Aussage zur gesetzlichen Krankenversicherung (KV) ist korrekt?

1	Dem Wechsel des Arbeitnehmers (AN) von der gesetzlichen in die private KV muss der Arbeitgeber zustimmen.
2	In der gesetzlichen KV gilt ein einheitlicher Beitragssatz.
3	Der Beitrag zur gesetzlichen KV wird vom Nettolohn berechnet.
4	Liegt der Verdienst eines AN über der Versicherungspflichtgrenze der gesetzlichen KV, kann er von der gesetzlichen in die private KV wechseln.
5	AN müssen beim Monatsverdienst von 400 € den KV-Beitrag allein tragen.

4

15.) Was versteht man unter dem Begriff „Bruttoarbeitsentgelt"?

1	Das Arbeitsentgelt vor Abzug der Steuern und Sozialabgaben
2	Die Geldsumme, die dem Arbeitnehmer ausgezahlt wird
3	Die Summe der Abzüge vom Arbeitsentgelt
4	Das Arbeitsentgelt nach Abzug der Sozialabgaben
5	Die tatsächliche Kaufkraft des Arbeitsentgelts

1

16.) Für welche der folgenden gesetzlichen Sozialversicherungen sind die Zahlungen für Arbeitgeber und Arbeitnehmer richtig angegeben?

	Sozialversicherung	Zahlung durch Arbeitgeber	Arbeitnehmer
1	Arbeitslosenversicherung	100 %	0 %
2	Arbeitslosenversicherung	0 %	100 %
3	Krankenversicherung	100 %	0 %
4	Krankenversicherung	0 %	100 %
5	Pflegeversicherung	100 %	0 %
6	Pflegeversicherung	0 %	100 %
7	Rentenversicherung	100 %	0 %
8	Rentenversicherung	0 %	100 %
9	Unfallversicherung	100 %	0 %
10	Unfallversicherung	0 %	100 %

9

17.) In welcher Reihenfolge wurden die fünf gesetzlichen Sozialversicherungen in Deutschland eingeführt?

1	Arbeitslosenversicherung 1927	4	Rentenversicherung 1889
2	Krankenversicherung 1883	5	Unfallversicherung 1884
3	Pflegeversicherung 1995		

2 5 4 1 3

18.) Welches Grundprinzip der Sozialversicherung entspricht dem Motto „Einer für alle – alle für Einen"?

1	Äquivalenzprinzip	4	Solidaritätsprinzip
2	Genderprinzip	5	Versicherungsprinzip
3	Generationsprinzip	6	Zukunftsprinzip

4

3 Die Lohn- und Gehaltsabrechnung

Grundlohn (Zeitlohn, Akkordlohn)

+ Zulagen	vermögenswirksame Leistungen (AG-Anteil)
	Schmutzzulage
	Urlaubsgeld
+ Zuschläge	Nachtschichtzuschlag (lohnsteuerfrei!)

Bruttolohn
– gesetzliche Abzüge (Lohnsteuer, Solidaritätszuschlag, Kirchensteuer, Krankenversicherung, Rentenversicherung, Arbeitslosenversicherung, Pflegeversicherung)

Nettolohn
+ Vorschuss
– vermögenswirksame Leistungen (AN-Anteil)

auszuzahlender Betrag

19.) Der 26-jährige kinderlose sächsische Bauarbeiter Max erhält einen Stundenlohn von 10,25 €. Im letzten Monat arbeitete er 176 Stunden, u. a. in sieben Nachtschichten zu jeweils 8 Stunden. Pro Nachtschicht erhält er 7,00 € Zuschlag. Zusätzlich leistete er fünf Überstunden, für die er jeweils 20 % Zuschlag erhält. Die Schmutzzulage beträgt 30 Cent je Stunde, die Lohnsteuer 125,20 €, der Solidaritätszuschlag 5,5 %, die Kirchensteuer 9 %, die Krankenversicherung 15,5 %, die Rentenversicherung 18,6 %, die Arbeitslosenversicherung 3 % und die Pflegeversicherung 2,8 %. Berechnen Sie den Nettolohn!

Grundlohn (= 176 Stunden · 10,25 €/Stunde)	1.804,00 €
+ Überstundenzuschlag (= 5 · 10,25 €/Std. · 1,2)	+ 61,50 €
+ Schmutzzulage (= 181 Stunden · 0,30 €/Std.)	+ 54,30 €
+ Nachtschichtzuschlag (= 7 · 7 €)	+ 49,00 €
Bruttolohn	1.968,80 €
– Lohnsteuer	– 125,20 €
– Solidaritätszuschlag (= 5,5 % von 125,20 €)	– 6,89 €
– Kirchensteuer (= 9 % von 125,20 €)	– 11,27 €
– Krankenversich. (= 7,75 % von 1.968,80 €)	– 152,58 €
– Rentenversicherung (= 9,3 % von 1.968,80 €)	– 183,10 €
– Arbeitslosenversich. (= 1,5 % von 1.968,80 €)	– 29,53 €
– Pflegeversicherung (= 2,15 % von 1.968,80 €)	– 42,33 €
Nettolohn	1.417,90 €

Die Lohnsteuer

... ist nach der Umsatzsteuer die ergiebigste Steuerart.

... ist eine besondere Art der Einkommensteuer für Einkünfte aus nichtselbstständiger Tätigkeit.

Arbeitslohn aus einem *gegenwärtigen* Dienstverhältnis (Gehälter, Löhne, Gratifikationen, Tantieme, andere Bezüge und Vorteile)

+ Arbeitslohn aus einem *früheren* Dienstverhältnis (Wartegelder, Pensionen, Ruhegelder, Witwengelder, Waisengelder, andere Bezüge und Vorteile)

– steuerfreie Zuwendungen

___

steuerpflichtiger Arbeitslohn

– Werbungskosten oder AN-Pauschbetrag

– Versorgungsfreibetrag

___

Einkünfte

Die Lohnsteuer wird als Vorauszahlung bei jeder Lohnzahlung durch den Arbeitgeber einbehalten und an das Finanzamt abgeführt.

Jeder Arbeitnehmer (AN) muss dem Arbeitgeber (AG) seine Lohnsteuerkarte (vom Gemeindeamt oder von der Meldebehörde ausgestellt) vorlegen, die u. a. Angaben über die Steuerklasse und die Kinderfreibeträge enthält. Das Finanzamt trägt weitere Freibeträge (steuerfreie Einkünfte) in die Karte ein. Am Jahresende bescheinigt der AG in der Karte die Arbeitsentgelte und die Steuerabzüge.

Die Steuerklassen:

I   Unverheiratete (Ledige, Verwitwete, Geschiedene) oder dauernd Getrenntlebende, wenn sie kein Kind haben.

II   Unverheiratete (Ledige, Verwitwete, Geschiedene) oder dauernd Getrenntlebende, wenn mindestens ein Kinderfreibetrag vorliegt.

III   - Verheiratete, deren Ehegatte weniger (Steuerklasse V) Lohn/Gehalt empfängt,

    - Verwitwete im Kalenderjahr, das dem Todesjahr folgt,

    - Geschiedene im Kalenderjahr der Eheauflösung.

IV   Verheiratete, die beide (etwa den gleichen) Lohn/Gehalt empfangen

V   Verheiratete, deren Ehegatte mehr (Steuerklasse III) Lohn/Gehalt empfängt

VI   - Arbeitnehmer mit einem weiteren Arbeitsverhältnis

    - Arbeitnehmer, die die Lohnsteuerkarte verlegt haben

Es ist möglich, dass die im Laufe des Jahres jeden Monat einbehaltene Lohnsteuer höher ist als die auf den Jahresarbeitslohn entfallende Lohnsteuer (bei schwankendem Arbeitslohn, zeitweiliger Arbeitslosigkeit, Änderung des Familienstandes). Diese mögliche Benachteiligung des AN kann am Jahresende durch den AG oder durch das Finanzamt ausgeglichen werden. (Lohnsteuer-Jahresausgleich)
Eine Nachforderung findet in keinem Fall statt!

20.) Zwei junge Arbeitnehmer (30.000 € und 40.000 € zu versteuerndes Jahreseinkommen) wollen heiraten. Wie wirkt sich dieser Schritt lohnsteuermäßig aus?

Jahreslohnsteuer 2018 (in Euro) in Steuerklasse							
Jahresbruttolohn	I	II	III	IV	V	VI	Splitting
20.000 €	1.370 €	907 €	0 €	1.370 €	3.683 €	4.118 €	298 €
25.000 €	2.454 €	1.955 €	190 €	2.454 €	5.306 €	5.678 €	1.224 €
30.000 €	3.609 €	3.075 €	1.012 €	3.609 €	6.870 €	7.278 €	2.382 €
35.000 €	4.842 €	4.272 €	1.982 €	4.842 €	8.583 €	9.018 €	3.630 €
40.000 €	6.152 €	5.547 €	3.010 €	6.152 €	10.346 €	10.781 €	4.934 €
45.000 €	7.540 €	6.900 €	4.078 €	7.540 €	12.109 €	12.544 €	6.292 €
50.000 €	8.995 €	8.319 €	5.176 €	8.995 €	13.859 €	14.294 €	7.704 €
55.000 €	10.605 €	9.892 €	6.372 €	10.605 €	15.697 €	16.133 €	9.172 €
60.000 €	12.414 €	11.663 €	7.692 €	12.414 €	17.658 €	18.093 €	10.696 €
65.000 €	14.320 €	13.529 €	9.060 €	14.320 €	19.618 €	20.053 €	12.274 €
70.000 €	16.280 €	15.479 €	10.476 €	16.280 €	21.578 €	22.013 €	13.908 €
75.000 €	18.240 €	17.439 €	11.940 €	18.240 €	23.538 €	23.973 €	15.596 €
80.000 €	20.257 €	19.456 €	13.498 €	20.257 €	25.556 €	25.991 €	17.340 €

<table>
<tr><td>

<u>unverheiratet</u>
(beide Lohnsteuerklasse I)
AN mit 30.000 € = 3.609 €
AN mit 40.000 € = 6.152 €
insgesamt = 9.761 €

</td><td>

<u>verheiratet</u>
nach Splittingtabelle

= 2x 3.630 €
= 7.260 € insgesamt

</td></tr>
</table>

21.) Welche Angaben enthält die Lohnsteuerkarte?

Die Angaben Steuerklasse, Familienstand, Kinderzahl und eingetragene Freibeträge des Steuerpflichtigen dienen zur Berechnung der Lohnsteuer.

Die Angabe der Konfession dient der Berechnung der Kirchensteuer: 8 % oder 9 % der Lohnsteuer

22.) Welche Bedeutung hat die Lohnsteuerkarte bei der Einstellung und Entlassung eines Steuerpflichtigen?

Die Personalabteilung benötigt die Angaben Steuerklasse, Familienstand, Kinderzahl, Konfession zur Berechnung der Lohnabzüge.

Bei der Entlassung des Steuerpflichtigen dient die Lohnsteuerkarte als Verdienstbescheinigung (Bruttolöhne, Abzüge).

23.) | Wer ist einkommensteuerpflichtig?

Jeder, der Einkünfte aus nichtselbstständiger Tätigkeit bezieht.

24.) | Was soll durch das Splittingverfahren erreicht werden?

Das Splittingverfahren führt zu steuerlichen Vorteilen für Eheleute.

25.) | Was ist Lohnsteuer?

Einkommensteuer für Einkünfte
aus nichtselbstständiger Tätigkeit

26.) | Warum gibt es bei der Lohnsteuer verschiedene Steuerklassen?

Solidarprinzip

27.) | Wer ist lohnsteuerpflichtig?

Jeder, der Einkünfte aus nichtselbstständiger Tätigkeit bezieht.

28.) | Wann muss ein Arbeitnehmer neben der Lohnsteuer auch noch Einkommensteuer zahlen?

wenn er <u>neben</u> seinen Einkünften aus <u>nichtselbst</u>ständiger Tätigkeit auch <u>noch weitere</u> Einkünfte bezieht

29.) Frau Einsam ist nicht verheiratete Mutter einer dreizehn-jährigen Tochter. Welche Steuerklasse hat sie?

Steuerklasse II

30.) Frau Eva und Herr Adam haben einander geheiratet. Welche Steuerklassen könnten sie künftig haben?
(Bitte alle drei Kombinationsmöglichkeiten nennen!)

Steuerklasse III und V oder

beide Steuerklasse IV oder

Steuerklasse V und III

31.) Welche der folgenden Aussagen trifft auf die Entgelt-abrechnung zu? – Eine Entgeltabrechnung ...

1	... ist eine freiwillige Abrechnung über das Arbeitsentgelt und muss von gewerblichen Arbeitgebern nicht erstellt werden.
2	... muss nur das Bruttoentgelt ausweisen, da der Arbeitnehmer selbst für die Ermittlung der gesetzlichen Abgaben sorgen muss.
3	... muss die zu Beginn des Jahres eingetragene Lohnsteuer-klasse über das Jahr beibehalten.
4	... muss u. a. den Abrechnungszeitraum und die Zusammen-setzung des Bruttoentgelts enthalten.
5	... darf Sachbezüge wie z. B. Zuschüsse zu Fahrtkosten, Mahlzeiten in der Kantine und Arbeitskleidung nicht enthalten.

4

4   Die Bedeutung des Nominallohns und des Reallohns

Wie viel eine Einkommenserhöhung wirklich wert ist, hängt nicht allein von der Lohnerhöhung ab, sondern auch vom Preisanstieg.

Nominallohn = Nettolohn, den der Arbeitnehmer zahlenmäßig erhält

Reallohn = Nominallohn unter Berücksichtigung der Kaufkraftveränderungen, bezogen auf ein Basisjahr

Die Unterscheidung zwischen Nominal- und Reallohn ist wichtig bei der Gegenüberstellung von Lohn- und von Preissteigerungen. Wenn die Nettolohnsteigerung größer ausfällt als die Preissteigerung, dann ist ein Kaufkraftzuwachs und damit eine Steigerung des Wohlstandes festzustellen.

Beispiel: Ein Arbeitnehmer (Lohnsteuerklasse I) verdient brutto 3.467 €. Die Lohnerhöhung um 6,9 % bringt einen Zuwachs von 239 € auf brutto 3.706 €.

	Basis-jahr	Berichts-jahr	Zuwachs nominal
Personalkosten des AG (ohne freiwillige und tarifliche Sozialleistungen)	4.091 €	4.373 €	282 €
- AG-Anteil zur SV (18 %)	624 €	667 €	
Bruttolohn	3.467 €	3.706 €	239 €
- Lohn- und Kirchensteuer	805 €	909 €	
- AN-Anteil zur SV (18 %)	624 €	667 €	
Nettolohn (Nettonominallohn)	2.038 €	2.130 €	92 €

$$
\begin{aligned}
2.038\ \text{€} &= 100\ \% &&\text{... Nettolohn im Basisjahr} \\
2.130\ \text{€} &= x &&\text{... Nettolohn im Berichtsjahr} \\
x &= 104,51\ \% \\
&\ \underline{\mathbf{4,51\ \%}} &&\text{... Zuwachs des Nettolohns}
\end{aligned}
$$

Bei Erhöhung des Preisniveaus

< **4,51 %** erhöhen sich der Reallohn und die Lohnkaufkraft.

= **4,51 %** bleiben der Reallohn und die Lohnkaufkraft gleich.

> **4,51 %** verringern sich der Reallohn und die Lohnkaufkraft.

Reallohn-steigerung	=	Nominallohn-steigerung	−	Preissteigerungs-rate

Entwicklung des Reallohnes
in Deutschland:

Quelle: www.chancenfueralle.de/~Reallohn.html

Reallohnentwicklung in Deutschland

Veränderung ggb. Vorjahr in Prozent

	Tarif-verdienst	Preis-index	Real-lohn
1997	1,5	1,9	-0,4
1998	2,0	1,0	0,8
1999	2,9	0,6	2,1
2000	2,0	1,4	0,6
2001	2,0	1,9	0,1
2002	2,7	1,3	1,4
2003	2,3	1,0	1,3

Quelle: Statistisches Bundesamt,
Deutsche Bundesbank

Die Reallöhne sind in Deutschland zwischen 1991 und 2012 um lediglich 3,1 Prozent gestiegen, obwohl im gleichen Zeitraum eine Nominallohn-steigerung von 36,7 Prozent festzustellen ist. Zurückzuführen ist dies auf die Entwicklung der Verbraucherpreise (Steigerung um 33,9 Prozent zwischen 1991 und 2012), die die jährlichen Raten der Reallohnentwicklung nivellierten. Insbesondere seit 2000 ist ein kontinuierliches Sinken der Reallöhne zu beobachten gewesen, weil die Höhe der Inflationsrate (Steigerungsrate der Verbraucherpreise) beinahe durchweg über der Höhe der Nominallohnrate lag.

Quelle: http://www.bpb.de/politik/innenpolitik/arbeitsmarktpolitik/187829/lohnentwicklung-in-deutschland-und-europa?p=all
der Bundeszentrale für politische Bildung im Oktober 2018

32.) Ermitteln Sie jeweils den Kaufkraftgewinn oder -verlust!

	Anstieg der ...		Kaufkraftgewinn oder -verlust
	Netto-verdienste	Preise	
1980	5,2 %	5,3 %	−0,1 % Verlust
1981	4,5 %	6,3 %	−1,8 % Verlust
1982	2,9 %	5,4 %	−2,5 % Verlust
1983	2,2 %	3,2 %	−1,0 % Verlust
1984	1,8 %	2,4 %	−0,6 % Verlust
1985	1,6 %	2,1 %	−0,5 % Verlust
1986	4,1 %	−0,2 %	4,3 % Gewinn
1987	1,9 %	0,1 %	1,8 % Gewinn
1988	3,2 %	1,0 %	2,2 % Gewinn
1989	2,0 %	3,5 %	−1,5 % Verlust

33.) Um wie viel Prozent verändern sich jeweils die Löhne bzw. die Preise?

Die Preise steigen um 5 %, der Nominallohn steigt um 6 %.	**Der Reallohn steigt um 1 %.**
Der Reallohn sinkt um 4 %, die Preise steigen um 4 %.	**Der Nominallohn bleibt gleich.**
Der Reallohn steigt um 2,5 %, der Nominallohn steigt um 4 %.	**Die Preise steigen um 1,5 %.**
Der Nominallohn steigt um 2 %, die Preise sinken um 0,5 %.	**Der Reallohn steigt um 2,5 %.**
Die Preise bleiben unverändert, der Reallohn steigt um 1 %.	**Der Nominallohn steigt um 1 %.**
Der Nominallohn steigt um 2,4 %, der Reallohn steigt um 3,4 %.	**Die Preise sinken um 1 %.**

Die Preise steigen um 4,5 %, der Nominallohn steigt um 3,8 %.	**Der Reallohn sinkt um 0,7 %.**
Die Preise steigen um 6 %, der Reallohn sinkt um 2 %.	**Der Nominallohn steigt um 4 %.**
Der Nominallohn steigt um 1,2 %., der Reallohn sinkt um 1,7 %.	**Die Preise steigen um 2,9 %.**

34.) Bezogen auf 1970 betrugen die Preisindizes für die Lebenshaltung privater Haushalte 1971 105,3 %, 1972 111,1 %, 1973 118,8 %, 1974 127,1 %, 1975 134,7 %.
   a) Um wie viel Prozent stiegen die Lebenshaltungskosten von 1970 bis 1974?
   b) Um wie viel Prozent stiegen die Lebenshaltungskosten von 1974 bis 1975?

a) Die Lebenshaltungskosten stiegen um 27,1 %.

b) 1974:   127,1 = 100 %

    1975:   134,7 = x

$$x = \frac{134,7 \cdot 100\ \%}{127,1}$$

$$= 105,9\ \%$$

Die Lebenshaltungskosten stiegen um 5,9 %.

35.) Gegeben sind ...

	Preisindex	Ø Bruttolohn
1980	100	100
1982	112	110
1988	122	135

<u>Um</u> wie viel Prozent erhöhte sich der reale Bruttolohn von 1980 bis 1988?

$$100\ \% = 122$$
$$x\ \% = 135$$

$$x = \frac{135 \cdot 100\ \%}{122}$$

$$= 110,655738$$

Der Reallohn stieg um 10,66 %.

5 Das Problem der gerechten Entlohnung

Frage: Gibt es *den* „gerechten" Lohn?

- Warum erhalten Frauen oft weniger Lohn für die gleiche Arbeit als Männer?
  → „Gender-Pay-Gap"

Frauen mit 30 Prozent weniger Lohn als Männer

Wiesbaden. Frauen haben im Jahr 2003 als Angestellte rund 30 Prozent weniger verdient als ihre männlichen Kollegen. Im produzierenden Gewerbe, im Handel sowie im Kreditwesen verdienten Frauen durchschnittlich 2 602 Euro im Monat, berichtete das Statistische Bundesamt gestern in Wiesbaden. Arbeiterinnen erhielten rund 1 885 Euro Lohn, das waren 26 Prozent weniger als Männer. (dpa)

aus: „Sächsische Zeitung" vom 4. März 2004

- Warum erhalten "Ossis" weniger Lohn für die gleiche Arbeit als "Wessis"?

Lohndifferenz nach Berufen

Fachkräfte	Westdeutschland	Ostdeutschland	Differenz
Elektroniker/in	42 273 Euro	32 109 Euro	31,7 %
Arzthelfer/in	38 818 Euro	32 627 Euro	25,6 %
Softwareentwickler/in	55 934 Euro	47 706 Euro	17,2 %
Verkäufer/in	30 524 Euro	26 503 Euro	15,2 %

Quelle: Gehalt.de

aus: „Sächsische Zeitung" vom 22. Februar 2017

Gehälter der Lehrer (m/w)

Hessen	3.923 €
Baden-Württemberg	3.744 €
Bayern	3.631 €
Hamburg	3.599 €
Nordrhein-Westfalen	3.415 €
Rheinland-Pfalz	3.377 €
Bremen	3.299 €
Berlin	3.222 €
Saarland	3.204 €
Niedersachsen	3.144 €
Schleswig-Holstein	3.032 €
Thüringen	2.725 €
Sachsen	2.683 €
Brandenburg	2.654 €
Sachsen-Anhalt	2.625 €
Mecklenburg-Vorpommern	2.580 €

Quelle: https://www.gehalt.de/einkommen/lehrer/3 am 28. Februar 2017

Vollzeit-Löhne im Vergleich

	Mittlerer Lohn*
Hamburg	3 544
Baden-Württemberg	3 465
Deutschland insgesamt	3 133
Schleswig-Holstein	2 888
Brandenburg	2 416
Sachsen	**2 388**
Thüringen	2 367
Meckl.-Vorpommern	2 306
Stadt Dresden	2 903
Stadt Leipzig	2 717
Stadt Chemnitz	2 553
Kreis Zwickau	2 402
Kreis Meißen	2 324
Kreis Nordsachsen	2 288
Sächs. Schweiz/Osterzg.	2 208
Kreis Bautzen	2 200
Kreis Leipzig	2 186
Kreis Mittelsachsen	2 168
Vogtlandkreis	2 158
Kreis Görlitz	2 119
Erzgebirgskreis	2 106

* Bruttomonatslohn 2016 in Euro, mit Zuschlägen und Sonderzahlungen, Median. Quelle: BA

aus: „Sächsische Zeitung" vom 21. Juli 2017

- Warum erhalten Ausländer häufig weniger Lohn als Deutsche für die gleiche Arbeit?

- Was zählt stärker bei der Entlohnung: der Ausbildungsgrad oder die tatsächliche Leistung?

- Soll einer mit längerer Berufserfahrung besser bezahlt werden als ein neuer Mitarbeiter?

- Ist es gerecht, wenn ein wesentlich Älterer, dessen Arbeitsleistung nicht höher ist, mehr Lohn bekommt? (Lebenserfahrung, Unfallstatistik, Kundengespräch, Arzt)

- Ist es gerecht, wenn zwei Arbeitnehmer die gleiche Tätigkeit verrichten, einer aber unter schwereren Arbeitsbedingungen?

- Ist es gerecht, wenn zwei Arbeitnehmer die gleiche Tätigkeit verrichten, einer aber mit weitaus geringerer Anstrengung? (körperliche Konstitution, Länge)

- Ist es gerecht, wenn ein lediger Arbeitnehmer genau so viel verdient wie ein Familienvater mit vielen Kindern? (sozialbedingter Lohn, Lohnsteuerklassen)

- Ist es gerecht, wenn Besserverdienende einem höheren Einkommensteuertarif unterliegen?

In der sozialen Marktwirtschaft wird ein Kompromiss aus diesen Entlohnungsprinzipien angewendet.

Ein gerechter Lohn kann angestrebt werden, indem soziale Elemente berücksichtigt werden:

Alter: Ältere Arbeitnehmer erhalten einen höheren Grundlohn, weil sie über langjährige Erfahrungen besitzen.

Familienstand: Verheiratete Arbeitnehmer und Arbeitnehmer mit Kindern erhalten ggf. Familienzuschläge.

Betriebszugehörigkeit: Mehr Urlaubstage, höhere Erfolgsprämien und Jubiläumszuschläge erhöhen die Bindung an den Betrieb.

Darüber hinaus honoriert der Staat bei der Lohnberechnung Alter und Familienstand. Der Arbeitgeber ist gesetzlich zur Lohnfortzahlung im Krankheitsfall, im Urlaub und an gesetzlichen Feiertagen verpflichtet.

<u>Problem</u>: Welche Vor- und Nachteile hätte ein Bedingungsloses Grundeinkommen (BGE) für Deutschland?

36.) **Diskutieren Sie das Für und Wider der Argumente im folgenden Artikel!**

Arrogant und anstandslos habe sich CDU-Generalsekretär Peter Tauber über die Millionen Minijobber in Deutschland geäußert. Die Empörung über seine Bemerkung ist enorm, viele Bürger antworteten ihm bei Twitter wütend. Worum es ging: Als Werbung für das neue Unions-Wahlprogramm und in Abgrenzung zur SPD hatte Tauber am späten Montagabend getwittert: „Vollbeschäftigung ist besser als Gerechtigkeit". Auf die Nachfrage eines Users, ob das jetzt drei Minijobs für ihn bedeuten wurde, erwiderte Tauber: „Wenn Sie was ordentliches gelernt haben, dann brauchen Sie keine drei Minijobs."

Über Nacht hagelte es mehr als tausend Kommentare. Einer lautete zum Beispiel: „Es gibt Leute, die ohne ‚Ausbildung' gute Arbeit finden und behalten. Und was ‚Ordentliches' schützt nicht vor Minijobs" Tauber dazu: „Nein leider nicht. Aber ohne Ausbildung geht es gar nicht oder?"

Die Zahl der Minijobber in Deutschland ist über viele Jahre gestiegen. Gab es 2003 noch etwa 5,6 Millionen Minijobs, waren es im vergangenen Sommer 7,8 Millionen. Laut einer Auswertung der Hans-Böckler-Stiftung ist seitdem zwar ein Rückgang zu beobachten, aber das Modell steht generell in der Kritik: Untersuchungen zufolge führen Minijobs nur selten zu einem festen Vollzeitjob. Außerdem wird bemängelt, dass sie reguläre Vollzeitstellen verdrängen können, vor allem im Einzelhandel und der Gastronomie.

Die jüngsten Zahlen der Bundesagentur für Arbeit (BA) zeigen, dass Tauber mit seiner kritisierten Behauptung falschliegt: Minijobs sind kein Phänomen unter Menschen ohne Ausbildung. 19,2 Prozent der geringfügig Beschäftigten haben zwar keinen Berufsabschluss, gut die Hälfte hingegen aber schon, und rund sieben Prozent

> *Wenn Sie was ordentliches gelernt haben, dann brauchen Sie keine drei Minijobs.*
>
> **Peter Tauber,** CDU-Generalsekretär

haben sogar einen akademischen Abschluss. Eine Frau entgegnete Tauber daher: „Schon mal versucht, als Erzieher_in oder in der Pflege eine Familie zu versorgen? Oder sind Menschen in diesen Berufen schlecht ausgebildet?"

Äußerungen von anderen Parteien ließen ebenfalls nicht lange auf sich warten. „Die pöbelnde Arroganz von Peter Tauber zeigt: der CDU fehlt der Respekt vor Geringverdienern. Wir wollen Vollbeschäftigung in guter Arbeit!", schrieb SPD-Generalsekretär Hubertus Heil. SPD-Fraktionschef Thomas Oppermann meinte: „Und wer keinen Anstand gelernt hat, wird CDU-Generalsekretär."

Auch SPD-Kanzlerkandidat Martin Schulz meldete sich bei Facebook zu Wort: „Als ich damals ohne Abschluss von der Schule ging, haben mir nicht die Leute mit den klugen Sprüchen geholfen. Sondern diejenigen, die an mich geglaubt und mich unterstützt haben." Grünen-Chef Cem Özdemir meinte: „Traurig, wenn eine ‚christliche' Volkspartei den Bezug zur Lebenswelt der BürgerInnen verliert."

Anders reagierte eine Jobcenter-Mitarbeiterin. Sie lud Tauber ein, seine Meinung doch mal mit Aufstockern zu diskutieren.

Später erklärte Tauber seine Äußerung noch einmal ausführlicher. Wer drei Minijobs brauche, um über die Runden zu kommen, der habe es nicht leicht. Er habe niemandem zu nahe treten wollen, der sich in so einer Situation befinde. Weiter schrieb er: „Es tut mir leid, dass ich mein eigentliches Argument – wie wichtig eine gute Ausbildung und die richtigen wirtschaftlichen Rahmenbedingungen sind, damit man eben nicht auf drei Minijobs angewiesen ist – so blöd formuliert und damit manche verletzt habe."

Der Spott im Netz ließ sich aber nicht mehr so leicht stoppen. „Wenn man was Ordentliches gelernt hat, braucht man nicht CDU-Generalsekretär zu werden", schrieb die Linke-Politikerin Lucy Redler. Jemand anderes meinte: „Wenn Sie ordentliche Politik machen würden, dann würde es solche Zustände in Deutschland nicht geben."

aus: „Sächsische Zeitung" vom 6. Juli 2017 (gekürzt)

37.) **Diskutieren Sie, ob es gerecht ist, dass ein Intendant einer Landesrundfunkanstalt fast das doppelte Gehalt der Bundeskanzlerin erhält!**

Die durch Rundfunkbeiträge finanzierte ARD hat erstmals die Verdienstspannen diverser Angestelltengruppen offengelegt. Die Gehälter basieren auf Tarifverträgen, die mit Gewerkschaften geschlossen werden. Laut ARD-Angaben erhalten die Intendanten der neun Landesrundfunkanstalten zwischen 399 000 Euro (WDR) und 237 000 Euro im Jahr (SR). MDR-Chefin Carola Wille liegt mit 275 000 Euro im Mittelfeld. Zum Vergleich: Die steuerfinanzierte Bundeskanzlerin Angela Merkel bekommt 226 000 Euro, ein Bundesminister knapp 185 000 Euro, Sachsens Ministerpräsident Stanislaw Tillich ca. 200 000 Euro.

aus: „Sächsische Zeitung" vom 14. September 2017
(Ausschnitt aus dem Artikel „ARD legt Gehälter offen")

Tom Buhrow verteidigt sein Gehalt von 399 000 Euro

Die ARD veröffentlicht seit Anfang September die Gehälter sämtlicher Intendanten auf ihrer Website. Der Chef des größten Senders, WDR-Intendant Tom Buhrow (58), verdient am meisten – 399 000 Euro im Jahr. Zum Vergleich: Angela Merkel bekommt rund 300 000 Euro. Diese Summe verteidigt er. „Man kann das immer weiter treiben mit dem Neid", erklärte er. „Ich kann absolut zu den Gehältern stehen. Man kann immer sagen, weniger, weniger, weniger'." Dann lande man am Ende bei Milliardären, die es sich leisten können, den Job ehrenamtlich zu machen.

aus: „Sächsische Zeitung" vom 21. September 2017

38.) Im Jahr 1990 betrug das Rentenniveau in Deutschland 55,0 %. Mit dem Rentenversicherungs-Nachhaltigkeitsgesetz vom 21.7.2004 beschloss die SPD-Bundesregierung, dass das Rentenniveau von damals 52,9 % auf 46 % (im Jahr 2020) und auf 43 % (2030) absinkt. Im Jahr 2008 beschloss die Große Koalition das seit dem 1.1.2012 geltende Rentenversicherungs-Altersgrenzenanpassungsgesetz, das eine schrittweise Erhöhung des Rentenalters von bisher 65 Jahre auf 67 Jahre vorschreibt.Wer vor Erreichen der gesetzlichen Regelaltersgrenze Rente beansprucht, dessen Rente wird um 0,3 % je Monat gemindert.

Rechnungshof mit neuer Mängelliste

Sachsens Kassenprüfer sind stets Verschwendungsfällen auf der Spur und werden wieder fündig.

Luxusrenten für politische Beamte Monatlich mehr Geld im Ruhestand als im aktiven Arbeitsleben? Für sogenannte politische Beamte wie Staatssekretäre, Regierungssprecher oder Landtagsdirektoren ist das in Sachsen möglich. Der Rechnungshof verweist auf einen Fall, in dem die Altersversorgung die einstigen Amtsbezüge sogar um 30 Prozent übersteigt. Fast 40 Ex-Beamte, von denen die meisten bereits mit 55 Jahren in den einstweiligen Ruhestand versetzt wurden, genießen zurzeit diesen Luxus. Die Prüfer empfehlen, den Kreis der möglichen Empfänger stärker einzugrenzen oder ganz auf den Status zu verzichten.

aus: „Sächsische Zeitung" vom 17. Oktober 2017 (stark gekürzt)

Diskutieren Sie, ob diese Maßnahmen gerecht und notwendig sind!

39.) Bundestagsabgeordnete erwerben nach vier Jahren Zugehörigkeit zum Parlament einen Pensionsanspruch von 825 Euro. (Zum Vergleich: Ein Durchschnittsverdiener muss 29 Jahre arbeiten, um 825 Euro Rente zu erhalten.)

Weitere Artikel:
- "Nebeneinkünfte – Das sind die Topverdiener im Bundestag", spiegel.de, Christian Teevs, Frank Kalinowski und Michael Niestedt, 02.08.2017
- "Abgeordnete kassieren Millionensummen von Unternehmen", abgeordnetenwatch.de, 02.08.2017

Diskutieren Sie, ob diese Pensionsansprüche gerecht und notwendig sind!

40.) Die Abgeordnetenentschädigungen der deutschen Landesparlamente:

Bayrischer Landtag	11.226,00 Euro
Landtag Nordrhein-Westfalen	8.981,00 Euro
Sächsischer Landtag	8.347,54 Euro
Landtag Baden-Württemberg	7.887,00 Euro
Hessischer Landtag	7.857,00 Euro
Landtag Schleswig-Holstein	7.735,00 Euro
Niedersächsischer Landtag	7.473,91 Euro
Landtag des Saarlandes	6.672,00 Euro
Landtag Sachsen-Anhalt	6.652,00 Euro
Landtag Mecklenburg-Vorpommern	6.434,03 Euro
Landtag Rheinland-Pfalz	6.271,36 Euro
Thüringer Landtag	6.099,04 Euro
Abgeordnetenhaus von Berlin	6.044,00 Euro
Landtag Brandenburg	5.116,11 Euro
Bremische Bürgerschaft	4.700,00 Euro
Hamburgische Bürgerschaft	2.850,00 Euro

Quelle: https://de.wikipedia.org/wiki/Abgeordnetenentsch%C3%A4digung im Oktober 2018

Diskutieren Sie, ob diese Entschädigungen verhältnismäßig sind!

BMW-Erben sind die reichsten Deutschen

München. Mit einem geschätzten Vermögen von 34 Milliarden Euro sind die BMW-Großaktionäre Stefan Quandt und Susanne Klatten die reichsten Menschen in Deutschland. Das berichtete das Manager Magazin. Den Geschwistern gehören 47 Prozent der Anteile an dem Autobauer – dafür erhielten sie im Mai 1.1 Milliarden Euro Dividende. Mit einem geschätzten Vermögen von 33 Milliarden Euro folgt die Familie Reimann. Sie hat einen der größten Kaffeekonzerne der Welt geschaffen. Auf Platz drei der reichsten Deutschen sieht das Magazin Lidl-Gründer Dieter Schwarz (25 Milliarden Euro).

aus: „Sächsische Zeitung" vom 5. Oktober 2018

Bettelnde Frau in Florenz im Oktober 2018

<u>Witz:</u>
Auch jemand, der die letzte Null ist, kann zu den oberen Zehntausend gehören!

<u>Witz:</u>
Die Steuererklärung soll vereinfacht werden. In Zukunft soll es nur noch einen Fragebogen geben, der enthält nur zwei Punkte:
1. Wie hoch ist Ihr Einkommen?
2. Überweisen Sie uns diesen Betrag!

41.) Diskutieren Sie, ob diese Pauschalen verhältnismäßig sind!

aus: „Politik Macht Geld – Das Schwarzgeld der Politiker" von Hans Herbert von Arnim, Seiten 22, 34 und 35

Viele Regierungsmitglieder haben (neben ihren regulären und offen ausgewiesenen Amtsgehältern) gleich drei Arten von Schatteneinkommen:

- eine steuerfreie Dienstaufwandspauschale, angeblich zur Abdeckung von amtsbedingten Mehraufwendungen; in Wirklichkeit fallen solche Mehrkosten aber oft gar nicht an oder sind auch bei Normalbürgern kein erstattungsfähiger Mehraufwand,

- eine zweite, meist nur unzureichend gekürzte steuerfreie Kostenpauschale aus einem Abgeordnetenmandat, das der Regierungschef oder Minister neben seinem Amt zusätzlich innehat, ohne es wirklich auszufüllen,

- einen großen Teil der steuerpflichtigen Diäten aus dem Abgeordnetenmandat, obwohl der Betreffende schon als Amtsträger gut bezahlt und im Übrigen auch derart eingespannt ist, dass er für das Mandat kaum noch etwas tun kann.

Hinzu kommen die staatsfinanzierte Alters-, Hinterbliebenen- und Invalidenversorgung und das staatsfinanzierte Übergangsgeld. Die Höchstversorgung von 75 Prozent des Amtsgehalts ist regelmäßig bereits nach einem halben Arbeitsleben »erdient« und wird beim Ausscheiden lange vor der allgemeinen Altersgrenze fällig. Den Anspruch auf eine Mindestversorgung von etwa 30 Prozent des Amtsgehalts erwerben Regierungsmitglieder regelmäßig bereits nach vier oder fünf Amtsjahren. Die dafür rechnerisch erforderlichen Rückstellungsbeträge sind einkommensteuerfrei.

Bei den hohen Pauschalen, die bayerische und nordrhein-westfälische Regierungsmitglieder als Dienstaufwandsentschädigung und als Kostenpauschale aus einem gleichzeitig wahrgenommenen Mandat erhalten, ist das Verdikt der Verfassungswidrigkeit eindeutig: Eine zusätzliche Aufwandsentschädigung verbietet sich,

- weil Regierungsmitglieder ohnehin regelmäßig ihren Dienstsitz am Ort des Parlaments haben, so dass sie denjenigen Teil der Abgeordnetenpauschale, der auf Wohnung und Verpflegung in der Landeshauptstadt entfällt, gar nicht benötigen;

- weil sie als Minister einen Stab an Hilfskräften und alle möglichen Transportmittel zur Verfügung haben;

- weil sie – wegen der Arbeitsbelastung durch das Ministeramt – für ihr Abgeordnetenmandat ohnehin kaum noch etwas tun können und deshalb auch ihr sonstiger mandatsbedingter Aufwand gering ist und

- weil Kollegen in einigen anderen deutschen Bundesländern mit sehr viel geringerer Dienstaufwandsentschädigung und Abgeordnetenpauschale auskommen.

Politisch wäre es sicher die sinnvollste Lösung, die beiden Pauschalen gänzlich entfallen zu lassen und eventuellen anerkennenswerten Aufwand gegen Nachweis zu erstatten.